BOOKS & SMITH

New York Editors

Versenal

EDGAR SMITH

Poesía

Publicado por Books & Smith New York Editors

Versenal

ISBN 978-0-9897193-5-3

Publicado por Books & Smith, New York editors, 2016.

Primera edición, 2016
Segunda tirada, revisada, 2017

Imagen de portada: fotografía de Tamara Valdez
Diseño de portada e interior por Edgar Smith

A Juan Nicolas Tineo
Rossalina Benjamín
César Sánchez Beras
Luis Peralta
Jennifer Moore
Daniel Montoly
Luis María Lettieri
María Laura
Rosanna Blanchard
Pastor Aguiar
Yrene Santos
Rina Soldevilla
Silvia Siller
Eunice Castillo
Fausto Rodríguez
Sergio Andruccioli
José de la Rosa
Gladys Montolío
Lyn Moss
Osiris Mosquea
Eduardo Lantigua
Félix García
Kianny Antigua
Marianela Medrano
Yolanda Hernández

por estar siempre,
por creer en mi poesía.

Prefacio

Versenal es distinto a mis otros libros de poesía en cuanto a la disposición estética de sus páginas. Es, sin embargo, similar a los otros dado que es también una colección de poemas dispuestos de modo aleatorio, sin orden temático específico, sin norte predispuesto, sin aspiraciones cronológicas. He podido agruparlos. He podido, quizás, otorgarles cierto orden; que no halle en él algún gran lector el caos, la anarquía que lo habita. Sin embargo, he optado por obedecer al instinto en lugar de la razón. He preferido seguir la arbitrariedad que da el numen, no la seguridad ficticia del orden obligatorio.

Originalmente llevaba como título, *La Aleatoria Selectividad del Numen*. Aunque no deja de ser un reflejo fiel del poemario, me pareció un título ostentoso, como una exigencia de atención. La poesía no puede ser una exigencia, ni siquiera una súplica. La poesía es más bien un susurro, un cúmulo de susurros en un bosque.

Estos susurros llegan, acarician, molestan... no tienen orden, nos llegan de todas partes y los provocan cosas y criaturas diferentes. Esto sucede con *Versenal*: es un riachuelo que se ramifica, y cada pequeño riachuelo se expande con fuerza propia, sin rumbo fijo, desobediente al cauce primero.

Edgar Smith, Diciembre 23, 2015
7:00 pm

"Edgar Smith es un gran poeta y un excelente narrador de igual manera. Puedo traer una docena de citas de su más reciente publicación VERSENAL, para justificar mi aseveración. Pero sería como desmembrar un cuerpo vivo, desvencijar un armazón estético, y solo darle un sorbo del agua que emana de la fuente principal.

Edgar ha logrado en una brevísima carrera, lo que por lo general le toma toda la vida a un creador, en cualquier género del arte. El ha encontrado su voz, en un tiempo record, pues esa empresa a veces ni con toda una vida se logra. Su decir limpio, sus imágenes frescas, su poética transparente, anuncian a quienes no lo conocen, a un poeta mayor por su verso de factura madura e impecable. Para los que tenemos el gusto de conocerlo, pone en evidencia un raro sortilegio de juventud y profundidad en la visión del hecho poético y en la construcción del andamiaje narrativo. Sus versos no son predecibles, no le regala nada al lector, que ha de entrar en el laberinto que Edgar construye, sin otra armadura que una mirada nueva, para precisamente enfrentarse a una nueva forma de decir las cosas que ya todos sabemos. El no está hablando de los hoyos negros, ni de la física cuántica, ni de los misterios de valle de Nazca, ni de la civilización de la Antártida. Edgar está hablando de la desesperanza del hombre moderno, de la melancolía que abruma al hombre de ayer y al de hoy, de los amores buenos y de los amores malos, del sexo y la ternura, del orgasmo y la playa, del Caribe tropical y de la nieve de enero en NY. Pero ¿Qué es lo que hace novedosa esta propuesta? Bueno, Edgar lo dice con las palabras poéticas necesarias, con los adjetivos precisos, con las ideas libérrimas, para que hablando de los temas universales, los lectores encuentren en su poesía, una nueva ruta hacia el regocijo estético.

Edgar trae, quizás sin saberlo, un relámpago de luminosidad inefable, en la noche larga de la poesía contemporánea."

Lic. César Sánchez Beras, Poeta

Indice:

Versenal

Absoluta Calma

Todos los silencios de la tarde urden destinos
que la hierba sabe intuír.
Dios se ha dormido en las corolas,
en el filo mellado de las hojas secas.
La tranquilidad delata ausencias,
como si la soledad cayera del techo del cosmos
a arropar el instante.
Sucumbo bajo el pie de lo absoluto:
la absoluta calma se traduce en absoluta indiferencia.
Uno prefigura paz milagrosa en la quietud,
pero termina temiéndole a la oquedad
que legan los gladiolos y la sombra.
Todos los silencios acechan abyectos.
Es preciso interrumpir la siesta del todopoderoso
antes que nos consuman el olvido,
el odio
y la negligencia.

Camino

Voy caminando
el beso del agua oscurece la orilla
los silencios del coral interrumpen los gritos
de la gaviota,
un hombre canta una canción azul:
es el mar
el mar sale de su boca
se espuma
se arremolina en la palmera como un niño asustado,
el hombre, que lleva sombrero de paja,
tiene el rostro salado
se lo ha gastado la soledad.
Me veo en ese rostro.
El mar, anaranjado de ocaso, huele a tierra mojada
-pienso que el mar es una lluvia íntegra que no ha sabido
evaporarse-
el rostro de ese hombre solitario es mi rostro
su voz de ola en receso es mi voz ahogada
sus manos trémulas de arrecife son mis manos
(me abruma ser un hombre que no conozco,
que su voz sea mi voz y sus manos, vencidas,
mis manos)
Un instante ovalado como un huevo, y claro,
camina conmigo.
Instante recuperado,
moneda que vuelve de las manos rotas de un ciego,
instante índigo
de un tiempo menos triste: tú y yo.
Tú y yo caminando en la arena
entrando al mar como quien entra a una casa conocida,
a un jardín
donde esperan una fuente seca,
una dinastía de orugas,
y un aljibe habitado por hojas crujientes.

Ese jardín existió y esa casa,
se han perdido como se perdió el nombre preciso
de cada dios
y es extraño que se les recuerde
es raro que vuelvan en canciones,
los dioses y los instantes, los jardines oscurecidos
y las olas, los hombres solos y las gaviotas,
los ocasos...
es raro que regresen así,
borrorosos en las caminatas,
como regresa la música que precede al miedo,
que hallen el camino exacto entre tanto laberinto.
Es misterioso que camine yo por la playa
y que tu nombre me asalte,
que tu nombre me caiga de las nubes
aguacero inesperado,
rayo de trueno mudo,
y que me deshaga
que me deshaga el alma en llanto.

El tiempo

Creí atraparlo en el círculo
residente invisible del día y la luna.
Creí verlo en los procesos místicos de mis uñas,
en las sutiles decadencias de mi abuelo,
en el lago,
cuando la piedra legaba al horizonte huellas redondas
que se expandían al infinito.
Creí que había muerto en la *bohemia*
cuando la madrugada, el sexo, y la carcajada no prefiguraban
ahoras infelices.
Lo olvidé en la llaneza dada del sueño
en las utopías urdidas a diario
en las novedades y los asombros
en la precisión de los árboles,
gritando otoño con su llanto de hojas.
Un poniente cualquiera el sol se posó como un pájaro
en mi mano y tantas arrugas me susurraron la cercanía
de la muerte.
Esa noche escuché en la soledad su risa
y supe que acecha siempre en silencio
escondido tras las esquinas del miedo,
con ojos de gato,
empujando pacientemente
(inexorablemente)
las manecillas.

De cuando se pierde el poema

El parque es un rayo repentino,
lo verde, lo anaranjado,
los incontables filamentos de la hierba
y sus adioses.
Refulge en el iris el verano apenas niño,
la mansedumbre del tiempo miente quietud
de monasterio.
Ahora no retumban el trueno,
la estridente prisa de las almas,
ni ese temible crujido que saben tener
los transeuntes.
Hora redonda de un hombre
magia ya, milagro,
brizna de donde nace el poema,
instante capricho,
complicidad de Erato.
Con el primer parpadeo despierta el mundo,
desaparecen los símbolos.
El poeta retoma el sueño de la vida.
La realidad (que es el numen)
lega adioses más leves que los de la hierba.
Inasible, el poema que pudo ser
retoma senderos al infinito.

Al Diablo los poetas

Hablemos claro
¡Culpables los poetas!
Tanta sublime pendejada para amorizar la vida
a más de un ingenuo se lo ha cargado de mártir,
más de uno se ha muerto moríviví
trescientas veces en una sola noche,
péndulo pendejo pendiente de dos vidas
cuando no puede con una.
¡Al diablo los poetas!
con sus palabritas de tesauro y sus ideas
malévolas de embellecer tan jodida vida.
¡Que no me hablen más del tal Lorca!
¡Que ni se les ocurra recitarme un verso más
del tal Longfellow!
¡Le parto la madre al que me salte con que
"puedo escribir los versos más tristes esta noche"!
Lo juro, los poetas tienen la culpa
La noche arropa y ya el verso va apropiándose
de cuerpo y espíritu, y aquella mujer que el olvido guardaba
voltea a vernos con ojos tristes como de pez,
y uno, que ya lo ha abandonado todo a los albures,
se deja enredar en esos ritmos y en esas lluvias.
¡Al carajo los poetas!
Que se saben dioses entre corazones moribundos.
¡Al carajo la poesía!
Que por ser la Madre de lo bello se cree con derecho
al llanto ajeno o a la sonrisa.
¡Al demonio el Amor!
Que me tiene escribiendo poemas
cuando el cuerpo lo que pide es cama
y la soledad duele hasta en los párpados.
Culpables los poetas, los malditos poetas,
que lo único que saben hacer
es venir a donde uno a darle esperanza.

Mujer y un piano en tres tiempos

I

He soñado un piano blanco
Cuerpos de luz desde el este
El bouquet dormía
Las velas, erectas, prefiguraban un fuego
El silencio denso y amplio,
como una frontera orgullosa.
Las sombras imitaban la forma de las cosas
De esa manera gris que imita el humo las nubes.
El piano con su sonrisa rectangular e intermitente
Parecía burlarse del tiempo,
que menguaba en los rincones
atado a otras sombras más oscuras.
(En los planos oníricos del ser el tiempo es débil)

II

Frondosa cae la oscuridad
Girones de negro ofidio
Finos látigos de ébano
Sobre el lienzo inmarcesible
de su espalda
(La belleza es eterna
en los multiversos del sueño)
Un leve giro
La gracia absoluta del cisne
La delicadeza cabálica del terciopelo
Sol, sentada
epicentro de esta galaxia hermética
símbolo e idioma del deseo
sus peligros se alargan
se curvan inmaculados
cual divina arquitectura.

III

El piano calla sus notas incandescentes
Ella le seduce con experta indiferencia
frente a frente
Los recónditos albures de sus fuentes
Invitan pérdidas irremediables de la cordura
La desesperación del piano es de sombra
e inanición
Los contornos alucinantes de su silueta
un sueño dentro del sueño
Una suerte de prefiguración de mil glorias.

Versos como llovizna

A las niñas que me dieron de sus pétalos
a las niñas que la memoria recupera cortando
del anochecer las membranas del anhelo
a las que me lastimaron y lastimé
a los amigos nómadas
a los amigos que se clavaron como estacas
en la pampa de nuestros tiempos
a los hombres admirados
a los marchitos
(todos los hombres adjetivan nuestra vida)
a los maestros de banalidades
a los sabios
a los que aprendieron de mis errores
a los que me creyeron
a los que les mentí sin pena
a los indiferentes
a los que la memoria no sabe restaurar
a una casa de madera en un barrio febril
a unas tardes elementales
a un anochecer de canciones añejas
al miedo y sus flores
al culto de la verdad
al futuro y su alta dosis de misterio
al todopoder del amor
al mar...
les dedico estos versos
que se me caen como llovizna.

Ser solo o estar solo

Estar solo es estar perdido en uno mismo.
Hurgar el espejo,
esperanza de reencontrar un 'yo' que sonreía,
pero el espejo es una transparencia,
niebla densa, reflejo de un rostro con trazos
de oquedad.
En soledad, los anhelos cobran diversas formas:
infancia, café de domingo, carcajada y burla,
una canción (aunque sea triste y nos regrese
a otras soledades)
un dolor,
porque la verdadera soledad es un abismo,
frontera entre la vacuidad absoluta
y el miedo a su eternidad.
Lo hondo, lo triste,
es saber que son marchitos los anhelos,
que lo que se anhela en soledad es humo.
En ese instante,
de la miseria de la incompañía (ya lo dijo Dante),
lo peor es el regreso al tiempo en que se fue feliz;
a ese tiempo irrecuperable,
a ese sentimiento vedado e irrepetible.
Por eso presagia uno un dolor
Porque el dolor implica sanación.
Sentir dolor es *sentir*
y sentir no es caída vertiginosa a la nada.
Lo terrible es estar solo.
Ser solo y estar solo es distinto:
Elegir la soledad es elegir silencios
y puestas de sol.
Estar solo es un golpe brutal
un silencio, sí, pero un silencio hirsuto,
que ahoga,
silencio mar,

silencio de andar sin sombra
en el laberinto de la mente,
dentro de uno mismo,
y ver que uno es una hilera de fosas,
lápidas con inscripciones implicadas en la memoria
de la angustia.
Hurgar entre esa maleza con olor a muerte,
buscar un sonido, un único sonido que sea la tarde
o la aurora,
pero buscar falazmente, inútilmente, porque la sombra
del mundo se niega a darte tu propia sombra,
porque estar solo es no merecer el mundo.
Y vuelve uno al espejo
para hacerse acompañar,
al menos, de uno mismo.

El maravilloso obsequio

Una ventana
hacia un templo de piel
Para mirarlo por dentro, hundirse en él, caer.
Ese plácido caer del hombre,
alma tierna detenida en contemplación.
Se eriza la piel.
¡Bendito el destello de ese espejo divino!
La mano firme —mano de un dios mortal—
ase la esencia.
La pureza,
Eva eco de sombras
La inmaculada imperfección humana
La manzana pródiga del pecado
Reflejada perpetuamente en mis ojos viriles
Ese maravilloso regalo: la belleza.

Poema inspirado en la pintura del artista Kamalky Laureano titulada
'The Wonderful Gift III'.

La Impune complicidad de quien escribe

Empuño tanta muerte en tan pocos versos.
La palabra acostada en hojas y sombras
Sombras que de la mano abierta caen llanto.
Tú, yo, cómplices del genocidio verde
en lo salvaje del bosque,
involucrados en la tinta
sangrada sobre el tiempo útil del vocablo.
Misteriosamente, el poema homicida tiene alas,
se eleva en las sienes místicas de la ironía
intentando entender el dolor de las astillas
y de los hombres,
la tragedia y la belleza del carbón omnipotente
que da forma a la palabra.

¡Ah! La impunidad de estos hermosos crímenes.

Senderos

Cubro la calle con pies de urgencia
gacela huyendo en la hierba que el Huno no vence.
Cubro los rostros extraños con mis ojos de jaguar dormido
el aliento perfumado de la tarde agoniza
en tumbas sin epitafios.
Hay un llamado que cae en túneles desde el cielo,
escribiendo sonoro mi nombre y agarrándolo
anzuelo dorado y letal,
que me empuja hacia el inmediato futuro
del paso que pisa sombras de gente sonámbula.
Mi nombre y la voz son una cosa distinta y misma.
Mi nombre remite al hado los parajes de estas huellas.
Yo soy yo,
aunque mis ausencias conjuguen lo bello del olvido...
El túnel me lanza a la playa.
Con o sin voluntad, el destino.
Ahora un salvavidas otea milagros
en las plumas de un ave inédita.
A lo lejos un yo ya no tan *yo* canta cosas
con forma de llanto.

Los Malditos

Los poetas, aturdidos, han vuelto al templo que los dioses
ya no saben habitar.
Dan de comer a palomas que no son palomas,
estatuas de palomas con ojos pardos y barba de dos siglos,
complicadas entre alas de mármol.

Unos escriben en todas partes: en los techos, en los huesos
de Frida, en un hilo de agua que huye del olvido...
Otros escriben sin mover los dedos, con la boca,
con labios tatuados de sal, de ausencia de misericordia,
y veo fantasías deambular entre sus zapatos y sus bigotes.

Puedo ver sus versos, que se confunden en clepsidras,
cuyas aguas y tiempo ya no exhalan nubecillas de vida.

El más misterioso es Biebl, con su muerte a cuesta:
la ironía de un poema que cae y de una vida que cae.

Junto a la fuente recitan mutismos
un Lorca gastado y un Rilke de traje gris,
confinado al *burgundy* de la bufanda
y al solitario enojo de la memoria.

Empuñando fríos hierros en la verja, grito:
"Borges, Benedetti, Unamuno, Angelou..."
siguen sus rutinas de difunto
como si mi voz fuera un silencio roto,
y se persiguen lentamente,
atravesando espejos, libros, y puñales,
con tal de no aceptarme entre sus miedos y flores.

No importa: esos malditos
han desterrado del templo incluso a los dioses.

Carta a la diosa

Umbria,
toma en cuenta mi aliento
a la hora fatal del descenso y la frente sudorosa.
Toma en cuenta mi voz,
rayo vencido sobre hielo,
también este sinsentido que me agobia
cuando la lluvia es manto
O cuando los ojos de mi amada ven en mi rostro un hijo
perdido entre promesas.
No perdones afrenta alguna,
eterno recipiente sin luz,
no me perdones los pies urgando salidas
donde las salidas no se han inventado.
Cuando la vida sea polvo entre dimensiones
y el cuerpo haya cesado su afán de ser
y ya no quede un solo ápice de mi nombre
temblando en delicadas comisuras,
despiértame en susurros,
reanima mi último abrazo,
revíveme fugazmente entre cardos y brasas candentes.
No me perdones entonces,
solo úsame: mensajero de algún secreto
o de alguna muerte.

Pensando

Y pensar que no estamos más vivos que ayer, que no estamos más vivos que mañana, ni más muertos. Pensar solo que la pena acecha los guiños de la noche, que el mar no ha vuelto a dormir con los marineros, o tal vez que una mujer sin apellidos labra (para comer) los muslos de muchos hombres. Lo impensable es que estamos más vivos que los otros, o que hemos muerto un poco porque pasa el tiempo. Mejor es pensar que no hay tiempo, que la música y la risa y la poesía y el amor andan desde siempre, que el mundo no es el hombre ni el hombre el mundo. Por eso me siento a leer los libros y a escudriñarme en los espejos, y al descuidar la mirada en esos miméticos laberintos, suceda tal vez que la lluvia arremeta de súbito y me deshaga, o quizás caiga dormido mi destino y ya no sepan mis manos qué hacer con tanta vida.

Puedo pensarlo todo: el vaso, la cama tibia, los minuteros, el beso con lengua, el bocado, los armarios de perchas vacías, la moneda en el mosaico, el humo, los ocasos como llagas, los nombres propios, las arañas, el dolor... lo impensable es lo otro, eso de que estamos más vivos que ayer o que mañana, o aquello de que, cuando nos caiga encima la tierra y nos muerdan los gusanos, habremos muerto.

Paralelismo

Mientras yo escribo
alguien agoniza
alguien siembra gardenias
alguien desentierra huesos de alguien que escribía versos
alguien ve la luna
alguien
(con un rostro, con un nombre, con una lágrima)
restaura épocas en la arena,
y yo voy hollando el tiempo
creyéndome epicentro
sol de una galaxia que ocurre atada a mi existencia.
Me elude que los otros son soles de la suya,
dioses inexpertos con una pluma y un candil
en el pecho predispuestos al cese.
Mientras alguien escribe con sangre
y suspiros su historia irrepetible
yo vacilo
yo caduco
yo dejo de ser yo.

Hora de la vanidad

Hora de la vanidad
repta silente.
Ya los vinos socaban aliento en copas
que el polvo ocupó cuando
el azul de las soledades.
El ahora resuena ecuánime
entre pasos de taco alto y música,
como migas de susurros.
Hora de la vanidad,
nos halla orgullosos de irrelevancias:
de unas palabras en alemán
de un libro abierto donde un poema ruega pupilas,
cuerpo de terciopelo, curvas y peligros.
Nos besamos, ojos abiertos.
Sombras humanas huelen a lluvia desde la ventana.
Gotas de noche mojan la calle y los sueños.
La hora de la vanidad acecha.
Un circo de espejos devela
mi rostro a un centímetro de tu rostro,
dialéctica de olvido aguarda
en el incesante brillo del oro,
las lobregueces que tu lengua inventa
el infortunio del sexo pago.

Ahora rompo la copa,
corre el vino como hiena hambrienta,
el ruido de quedarme solo, homicida.
Hora de la vanidad,
la precisa para recitar versos,
escuchamos apenas tintineo de monedas.

Prohibido olvidar

Hombre de hoy, el olvido toca tu puerta de sueño y madera
con nudillos ensangrentados. No abras. La historia comienza
a morir en las verjas de esos jardines. Allí, donde crecen las
espigas de la negligencia, se cuecen silentes agravios futuros.
El silencio pétreo del padre da forma al niño sin pasado.
Hombre de hoy, la masacre de tu gente no es un cúmulo de
letras. Piensa que el pasado fue presente; que los negros
ahorcados también soñaron días de ocio y café. La historia
es una cosa redonda, hermano, que avanza, inexorable. No
abras tu puerta a la ignorancia, hombre de hoy. Quienes
recuerdan son menos proclives al mal. Quienes olvidan,
tiran lodo sobre sus muertos.

Hurto de los dones

Si cierto es que al abrir un volumen
una antigua magia nos transfiere
algo de quien en arduos amaneceres
acató, servil, las reglas del numen.

Me inclino a la ficticia vanidad
de apropiarme de dones y máculas;
mímo de Prometeo, en cuyas gárrulas
misiones fue el fuego su debilidad.

Las infinitas formas del dios Proteo,
el espejo y sus varios laberintos,
el tigre y su reflejo, que, indistintos,
van inexorablemente al Leteo.

La recurrente cobardía de la pluma
que le hizo poeta y no soldado,
hexámetros, el vikingo, Cartago,
que a Mitos y cosmogonías se suma.

Todas las lunas y los mil ponientes,
el alemán, el regio latín, Schoppenhauer...
Buenos Aires y Junín (que son la clave)
-Ya imito su voz, misteriosamente-

Ante sueño o verso, un desasociego
arcano me asalta repentino.
Borges el hombre (¿Borges el destino?)
amenaza, también, dejarme ciego.

Me prefiguraste así en un poema:
'Poeta menor de una antología'.
Entre tanto saber, ¿acaso sabías
de mi hurto? que es dicha y anatema.

Edgar Smith

Infrahumano
A la memoria de los 43

Una cordillera de humo mortifica la noche
Lo humano del hombre arde trémulo
Lo humano del hombre podrido en la madrugada
Huele a niño la barbarie, desecho en la basura
Sueños, risas, voz ensangrentada que cantó libertad,
dedos quebrados...
El silencio de la maldad enmudece la calle
Lo absurdo del hombre en manifiesto
La muerte gime incrédula en charcos de sangre
La vida inocente muerta a destiempo
La muerte va llorando de Ayotzinapa a Iguala,
de Tlatelolco a Tixtla
Busca la voz detenida cuarenta y tres veces
Cuarenta y tres puertas cerradas
Y ese arrollador silencio de incertidumbre,
ese terrible hueco negro en el pecho
de donde bulle y repta la lágrima
El dolor insoportable del no regreso
El sangrado viscoso del miedo...
Ese titán de humo que los ojos no vieron
Llevándose esas almas, grises de fuego y espanto
Ceniza *atrocidad* osamenta *odio* llanto *méxico*
Jesús *fuego* Estudiante *crimen*...
palabras fundidas,
degradadas en laberinto.
Lo humano del hombre se ha perdido.

Misa en Morris Ave.

Para cada hombre una biblia,
eco de misterios susurra la madera
evocando *el madero.*
La mañana acaecida en vitrales
es parte de la atmósfera,
reanima esa pintura del Hijo entre apóstoles:
cráneo iluminado, mano al aire, pidiendo.
Abajo los hombres callan.
El pobre castellano del sacerdote grato
al ejecutivo y al jornalero.
Gratos también los niños en el altar,
las blancas sotanas, las flores sobre el mantel,
la contradicción del oro y la Palabra
cuando el vino cae en los labios adolescentes del pecado.
El tiempo de Dios lo miden impíos dos relojes de cedro,
en lo alto, cerca del Gólgota simulado,
donde el Cordero yace estáticamente crucificado
a la vista de niños vestidos de colores.
Los mira el Hijo de Dios,
mira con ojos de yeso a la señora con su poncho
y al hermano enfermo,
al ladrón que ha memorizado evangelios que no
comprende,
y cada cual cierra los ojos para pedir favores inmerecidos.
Pronto el cuerpo de Cristo se deshace en bocas lacerantes
y la sangre de la alianza nueva y eterna
no purifica el rictus de hambre
del que ha dejado el pan en el diezmo.
Ya se abrazan los hambrientos y los vanidosos,
las coquetas y los casados,
las niñas con sus vestidos de Domingo
y los ancianos con sus cruces y sus cansancios.

La Paz, dicen, y manos atroces rozan manos inocentes,

manos que han avergonzado a Dios de su obra.

A la salida,
el mundo brilla como si cielo e infierno
no libraran una sanguinaria batalla,
o como si el hombre pudiera redimirse
con solo un Padre Nuestro
a eso de las 11
los domingos en la mañana.

Monólogo del solitario

Me preguntan quién soy
a qué me dedico
por qué llevo escaces de sonrisas
qué clase de hombre soy
si me gustan las aves o los gatos
si he visto el cielo de Arizona
si como codornices.
Me preguntan qué edad tengo
cuántas veces he elevado plegarias
si Dios es hembra u hombre
si los simios poseen inteligencia
si el espejo no es una magia negra.
Me preguntan tantas cosas íntimas:
que si mi higiene, que si mis sueños,
que si el poema ya no me habla,
que si el amor o el desamor...
A veces quiero fulminarlos con la mirada,
cortarles los ojos y que enmudezcan súbitamente,
para verles el horror en el rostro y reír a carcajadas.
Cuando recuperen el habla lo primero será una pregunta:
¿Qué ha pasado?
Y yo les responderé como siempre:
"nada, ha sido solo un sueño".
Luego irán a casa y al otro día retomarán las armas:
¿Qué has hecho? ¿A dónde vas? ¿Con quién? ¿Por qué?
Sonreiré y amablemente les daré mis respuestas.
(Pero por dentro responderé lo que me dé la gana:
Preguntarán, *¿Cuántas mujeres has amado?*
Mucho gusto, mi nombre es Quéteimportaesavaina).

Para entender a los sordos

Imaginar el trueno en el relámpago
no temerle a la palabra mortífera
perder la melodía del poema, no sentir el himno,
ni del reloj el cálculo terrible.
Sobrevivir leyendo bocas en la penumbra,
bocas henchidas de silencio.
No intuír la mentira en el discurso,
no ser partícipe de la verdad.
Colmar de pausas la hora sagrada
de la comida, que los niños rían
y no saber el color de ese canto.
Así ha de ser la existencia del mármol,
del íntimo gesto donde se cuecen las soledades más
elementales.
Así es, tal vez, el infierno del necio:
atrapado en el epicentro de una indeseada quietud absoluta.

Cada vuelta, un destino

Esquina equivocada
hacia el campo santo.
Angeles de yeso, niños alados,
sus manos extendidas, un ruego.
La verja oxidada se hizo horizonte hacia el infinito.
Mi memoria invocó *La Recoleta* de Borges
y la risa ya enferma de mamá Inez.

¿Qué exceso o carencia tendrán sus tumbas?

¿Qué frase decora la eternidad en sus lápidas?

Un viento levantó polvo,
trajo consigo un misterio ensayado,
como del protocolo fantasmagórico de las almas
para con los vivos.
La luz escaseó bajo las cejas.
Un hombre oscuro de mármol
con una espada desafiaba los años
dos temibles pájaros parecían esperar la muerte.
Apresuré el paso, retomé la esquina.
Luego no supe si había sido el cementerio mi destino,
si la esquina fue un sueño,
si mamá y Borges no han muerto aún
y ríen tras la verja,
escondidos del mármol y de los hombres.

Edgar Smith

Intuición de la muerte en un bar cualquiera

Algo hay, algo íntimo,
en una hilera de fotos sobre madera.
Fotos de extraños
En un bar
En un quieto espacio
donde la música a penas susurra
las copas urden quimeras de tintineo y möet.
Son los rostros
la inagotable lozanía en blanco y negro de gente ya muerta,
el milagro pobre de esas sonrisas
la conjugación del verbo permanecer
dispuesta en portaretratos,
decorando de alegrías pasadas mil presentes.

Gramático amor

Mujer de paréntesis oscuros
mujer de arduas corchetas,
verbo de piel que te conjugas
en mis silencios,
de puntos suspensivos llenaste
esta madrugada de tu ausencia,
de vocablos accidentados
y besos pluscuamperfectos.

Mujer tilde,
llegaste con cláusulas de misterio,
acentuaste tu sexo en mi noche,
devoraste mi punto, mi coma
mi pretérito desconcertado...
te adueñaste del esdrújulo amanecer
y adentraste mi calma a un estado subjuntivo.

Ahora no sé olvidar los guiones que separan tu voz de mi
cordura, no sé escapar de tu risa grave o llana,
no logro olvidar los gerundios de tu lengua haciendo
estragos en mi cuerpo, ni ese adjetivo aroma de tu aliento
gimiendo mi nombre.

Ven, mujer aguda,
pósate diéresis sobre mi pecho desnudo,
advérbiame con tus caderas este verbo apasionado
que mis muslos ya no doman,
átame tus variantes pronominales hasta que *ti* sea *mí*,
cuéntame las sílabas que tu cuerpo va dejando en el mío,

déjame derramar sobre tus senos atemporales el lirismo
de mis deseos...

para dejar de ser plural,
incalificable amor,
para amarnos siempre en primera persona,
para amarnos siempre en tiempo presente.

Prosa poética para el armagedón

Cuando muera el último hombre, morirá la letra. El sonido será uno con el silencio. El espacio claro del agua pasará desapercibido, el otoño y su llanto multicolor, los patrones exquisitos de la vanidad caducada. Pensar que no existirán el amanecer lluvioso ni la espera; que en la triste ausencia, los días serán idénticos. Noche indistinguible de otra. Los conocidos procesos del café no serán. Google enmudecerá para siempre. Imagino, no con poco temor, el amplio cementerio que será la tierra. Una radio cantará a la nada el predispuesto orden olvidado de estribillos (la ironía: voces muertas cantándole a muertos), y las muchas lunas descansarán de tanto vano intento poético. Estremece imaginar la orquídea y el jilguero, la lejanía del poniente, los milagros microscópicos del agua, la absoluta falta de testigos para la ternura... Lo peor ha de ser el deceso de los dioses. Caerán como meteoros en todas las regiones áridas ya de oraciones, y llorarán hasta la muerte la muerte del último hombre. Con el aliento final querrán reconciliarse, pero ya será muy tarde; y solo el tiempo reirá carcajadas que solo el chimpancé escuchará. Con el tiempo, el tiempo mismo entenderá lo inútil de un mundo sin hombres ni dioses y se recostará de un cedro a echar una siesta. Deslizándose a la inconsciencia creerá que duerme (ya no existe el sueño, Morfeo también ha muerto), cuando en verdad va lento hacia la nada. El mundo quedará entonces para el mandril, el perro, el alacrán, y los hielos del Norte. Habrá fiesta de árboles y todo será cubierto por una imperiosa extensión verde de paz. Da miedo, pero así lo precisa la naturaleza.

La amenaza

Ahí, donde el niño se tira en clavado,
salpicándolo todo de azul, brillante,
una sucesión infinita de ondas interrumpe la tranquilidad
del agua.
En la superfice, un constante estremecimiento
parece mantener la piscina viva.
Debajo, la amenaza de la muerte,
a la vez calma y violenta.

La Sinrazón de la melancolía

Hoy que está fresca la mañana
y espera elegante la gente en las paradas del bus con abrigos
recién comprados en *Thriftland*
y botas con pedigree, listos para la misa,
y los árboles lloriquean florecillas de vuelo errático
y aroma impreciso,
y las muchachas toman café de *Dunkin' Donuts*
con lentes de sol y música en los oidos,
y la hojarasca amarillonaranja milita en giros locos
en las aceras cual reunión de felices...
me llega como del filo de estas cosas
el agridulce rumor de un recuerdo,
de una muchacha que amé en un lugar
que la mente recupera al azar,
hace ya muchas vidas,
y que tal vez me recordó también
alguna linda mañana
por estas mismas inocuidades
o por cosas ajenas a ambos,
que solo la sinrazón de la melancolía asocia.

Un espejo

Los lustros vividos se duplican, pero no fielmente.
El claro espejo falsifica arcanamente el rostro,
mapa inexacto de nuestra historia.
Las bizarras formas multiplicadas en otro espejo confirman
a la vez la infinidad que el hombre anhela
y la finitud que teme.
La misma cara, que con los años no es la misma,
reitera dos certezas: somos muchos viviendo un solo cuerpo
y solo el arte de amar nos inmortaliza.
Cada hombre que se refleja es reflejo de otro anterior.
Cada espejo es un universo finito
donde los miedos se saben mirar a los ojos.

Titiritero

Un paseo poderoso
ver coronas de árboles,
la nuncafrontera entre ellos,
ramas-manos entrelazadas en verdes múltiples
de troncos erguidos, de corteza que no opina,
austeros, sobrios, vetustos.
El Tiempo meciéndose allá arriba,
me alcanzan los ojos para verlo dormido
en las púas indoloras de las hojas
cortándonos hilos a las marionetas,
llorando
llorando sueños que se han ido entre los dedos.

Prosa Poética: Breve Teoría del entierro

Para formalizar los mitos del árbol hay que entender la mitología del muerto y su re-encanto con la vida. Me crece hiedra la teoría pagana de unos cuantos borrachos en un puerto de mar celeste, que sugiere lo siguiente: al enterrar difuntos creamos árboles. Tirado a conjeturas, voy despellejando capas de dudas y me parece escuchar la ebria voz que dicta: *"los muy malditos nos odian. Se mueren y donan sus ácidos y sus vísceras a la tierra, y se hacen raíces, y crecen duros como un ultimátum, y nos presienten con sus ramas y sus hojas, y nos envidian inútilmente".* Entonces imagino el tedio de ser árbol, de florecer brevemente en primavera para admiración de quienes no nos reconocen, de llorar desnudamente cada otoño como una clorofílica Magdalena a la espera del nefasto milagro de que nos crezca repentino un ojo o una boca, para ver de ráfaga un rostro amado o para gritar su terrible verdad. A veces, tirado sobre la hierba, me ha parecido escuchar mi nombre susurrado. He visto a todas partes, incluso dentro del viento, pero no hay vivos. Entonces he creído fugazmente que son ellos, mis muertos, llamando desesperados desde la tierra.

Señales de humo para reclamar tu nombre

Símbolos humiformes
alfabeto gris buscando esquinas de tu voz
Tus voces todas llovizna madrigal
descansando en vigas de aire azulado
esperando giros del verbo, de ese vocablo amplio
que resuena en arduos badajos ayereados
como mi boca caída
como mi boca cántaro roto,
de tanto nombre tuyo
de tanto vuelo cilíndrico de tu nombre humo,
lloviéndose hacia arriba, trémulo,
lloviéndose agrisado,
revoloteado,
solo.

Figuritas de Swarovski

Añales
decía mamá con voz de vidrio.
Enmudecía luego, prometida a la casa,
barriendo lustros y polvo de un pasillo difuso,
largo y angosto,
callado como un espanto tras una esquina.
Sabía un coño de sofisticaciones o de lujos.
No vivía mucho, mamá, ya ves,
ni nada parecido.

Añales
respondía, sus ojos torpes de niña triste
su voz de cigua,
en tardes húmedas que quebraba con mi presencia.
¿Mamá, cuánto tiempo tienen estos muñecos?

Añales
y se iba chancleteando
con su parsimonia de siglos
y con su saco de silencios al hombro.
Deja eso, muchacho, que por ahí viene Vitor
y yo soltaba el tigre de Swarovski
antes que llegara el otro tigre
a devorarnos con ojos indiferentes
y piernas larguísimas,
como cigarros de gigantes.

De la agridulce pérdida de la inocencia

Su nombre era corto.
Sus tetas, firmes y menudas,
como nísperos verdes;
me dejaban en la lengua un amargo sabor a mujer
que el tiempo a veces olvida,
y que otras mujeres evocaron
con algo de magia y algo de pena.
Traía consigo un amor redondo y desnudo,
como un juego sin reglas,
mudo y ciego,
que floreció y murió en un closet
de sombras vespertinas.
Volvía siempre como una ánima,
y jugábamos a no desearnos
hasta que se nos caía la desesperación
de los ojos en fuego.
Una tarde cruzó con su boca ardiente la frontera
de la inocencia,
engulléndome entero, vivo,
como se traga un pedazo de pan.
Esa tarde dijo *adiós* sin voltear la cara,
y no supe, hasta que no volví a verla,
que había dicho adiós.

Menuda cosa de ensueños

Llévame a tu boca,
menuda cosa de ensueños,
a tu boca conjugada en beso
al baile intrépido de tu lengua allende una sonrisa.
Prometo no anidar en ella,
niña primavera calesita estival,
solo rosar tus labios con la yema de mi fuego
tocar la muralla blanca de tus dientes
con la punta de mi risa
solo presentarte los cachorros peligros del amor.
Llévame, cual cántaro, a tus labios
y bébeme impacientemente.
Prometo no volar en el cielo de tu boca
no sembrarte fantasías
no hacer del amor un laberinto.
Solo ansío acercarte a mi misterio
deshilacharte la inocencia
tsunamizarte la piel de placeres...

Morirse, esa mentira

Hay mentiras más simples que morirse. Morirse, mentira complicada que no se hila fácilmente. Quien la escribe requiere alas oscuras de murciélago, dientes en la frente, ojos de inocencia clavados a un jardín a la hora exacta de la metamorfosis. Hay que ser poeta, regando versos por doquier, truco de naipes regando azares. Poeta de verdad, con implícitos vocablos en las pestañas, púas en el pelo, aves cincelando corrientes de viento en las ranuras de sus manos. Un arquitecto no sabe de muertes, un abogado hundido en deudas del alma no sabe de muertes, aunque sepa mentir, aunque haya echado los dientes de falacia en falacia, como hombres en cueros. Los doctores creen que sí, pero no saben ni mierda de muerte. Se les muere la gente en dosis altas de camilla sobre horas de un coma inducido contra la vida. Se le muere el índice señalando la muerte. Pero morirse o ver morir no es saber. La muerte no es un albur. Solo el poeta (ser elevado, involucrado en misterio), lo discierne. Nadie más sabe que es mentira compleja, más que estar vivo. Estar vivo es una pobre verdad. Sucesión de mentiras que se creen: que uno es Ramón, maría, Atila, Jesús... mentiras. Una vanidad, como toda mentira sencilla. Ser hipocampo, estudiante de sexos, aspirante a cedro, oruga, hombre... mentira sencilla con algo de piedad y algo de sentido. Lo inusual, lo complejo, lo arcano es la muerte. El muerto, que abandona la veracidad del paso, del ojo tras la muchacha, de la garganta tragando vino. Eso es mentira y es hondo: ser el muerto negando su pasado. Negándose a sí mismo. Su pasmosa frialdad. Cuerpo suspendido entre el es y el no es. Raro es creer que la muerte es cierta, no percatarse que el muerto ha callado para no revelarnos la verdad: que ha vuelto a un sitio anterior donde los hombres carecen de nombre y cuerpo; la única vanidad es una larga línea pegajosa: el origen, la batalla primera, maratón de miles adentrándose en trompas con olor a pez.

Septiembre y un ruego

Una novena para Septiembre,
que llega hoy con disimulo,
cargado de restrojos de estío,
de sutiles insinuaciones otoñales.
Pídole con fe milagros de flores:
tulipanes, girasoles, orquídeas,
y rosas de largas espinas
que defiendan del hombre enamorado su belleza.
Pídole canto ligero de pájaros
alzando en plumas amaneceres inolvidables;
y girones de lluvia cansada,
dormida damisela evaporándose invisible
a orillas de aquel cuerpo de mujer,
febril y virginal.
Una novena para Septiembre,
en silencio, cuando el café roce los labios,
cuando los niños recorran las vértebras del mundo
y sus ojos no se llenen de tanto vacío;
y la camada de árboles robustos
traiga consigo nobles sombras
confundidas con mil hojas trémulas.
Cuando suene fúnebre la doceava campanada
el profundo parpadeo se degradará en sueño
y el primer día de Septiembre quedará implícito
en la memoria, incierto tal vez,
como el ruego diurno que nominan estos versos,
o la imagen de aquella mujer que amé en otoño,
que ya no recibe mis flores
y que ya no me nombra.

Inconformidad

De nuevo esta insistencia de mi mente
este sobresalto fantástico y enérgico,
este perverso impulso que no entiendo,
de dar alternativas a las realidades,
de poner un reloj en aquella esquina
de cambiarle el color a la noche
de revivir la risa torpe y dulce de mamá,
de atardecer la mañana
sin más razón que el cambio mismo,
sin más motivo que la anarquía
y posibilidad de lo otro.

Edgar Smith

Confieso

A la noche le confesé tu cuerpo.
Le susurré sendas de sudor en tu nuca
tu afrodisíaco aliento
tus ojos cuarto creciente.
A ti no puedo verte a los ojos.
solo un puente de metáforas es nuestro vínculo.
Eso... y esta inconfesa inercia de pre-sentirte,
de desear tu labio tanto, tanto
que lo empujo a la verdad onírica de la almohada.
Confiésole a la noche
—a nadie más me atrevo—
que te he desvestido mil veces en el mismo sueño,
en el mismo instante,
de mil formas diferentes
que en tus menudos senos he inventado un circo
que tus dedos se han confundido entre mis armas
que tu mirada me ha mordido los ojos
que la cima de tu lengua circula,
justo donde el aura del vicio me erecta la sincalma de tu piel;
que me he columpiado sobre tu cuerpo
como un niño, impaciente ante el juego.
Solo la noche conoce de este tragar que me sabe a tu muslo
y de estos temblores que te nombran a gritos
de piel erizada y de estas madrugadas convertido en río
fluyendo monte abajo,
ávido por acampar en el valle de tus gemidos.
A la noche le he confesado estas cosas
cuando estás revoloteando húmeda en la punta de mi cabeza
y tu beso se me desborda de los labios
y me mancha el pecho de tu miel.
No puedo mirarte a los ojos
y decirte estas cosas.
Por eso se las susurro a la noche,
o, como ahora, las escribo.

Imaginarium

Del vuelo de las gaviotas te regalo el vuelo.
El acto mismo de volar.
No las alas, heridas de entropía,
Ni las plumas condenadas al polvo,
Sino el vuelo: ese exclusivo hechizo,
esa admirable utopía.
Es un beso, el vuelo intocable.
Beso de labios que se buscan, se hallan,
que retroceden serenos.
No el dulce de esos labios,
no su fuego, no lo palpable,
sino la sensación de levitar,
de que son nube los pies,
de que dos somos uno escalando la brisa.
Del vuelo de aquellas gaviotas
te regalo el imaginarium de infinitas ondas.
Esa agradable sucesión de arcos oníricos
que surca sol, cumulonimbos, esperanza, canción...
que nace infinitamente bella
del amoroso aletear de las almas en el viento.

La alberca

Afán de agua, infinito.
Infinita en teoría también la inanición de los objetos.
El callado mosaico de piedra
(Que la huella húmeda besa desvaneciéndose)
El triángulo de losetas sobre el tejado
La sutil geometría de las columnas
La precisa arquitectura de sueño y silueta.
En las ondas, el sol destella mil diamantes.
La tarde, filo extenso que desde el agua ciega,
trae del mundo un rumor cansado,
que araña apenas el silencio.
Una mujer, blanca como un trozo de risa y sola,
sostiene una historia
que en sus ojos ocurre infinitas veces.
En algún momento ha visto el agua,
el fulgor de un niño al nadar,
la redonda forma del tubo...
Sonríe.
Un impreciso agrado abarca el alma
desde la quietud de un libro junto a la alberca.

¿Quién?

La ciudad avanza conmigo.
Noche mojada
Lluvia derrotada sobre aceras casi desiertas.
En el bus, a la gente las amordazan recuerdos
de cosas inmediatas y cosas irrecuperables.
Máscaras sus rostros
Antifaces contra el mundo,
escudos de diplomacias, trampa a veces.
Pero hoy avanzamos juntos:
el mundo, la oquedad de la vida, la gente inagotable y yo.
Me pregunto a dónde vamos tan juntos y tan ajenos a la vez.
¿A dónde esta ciudad asfixiante?
¿A dónde este silencio de gritos atascados?
¿A qué lugar donde el tiempo no nos halle?
¿A qué sueño nos arrimamos que no nos cueste tanta
lágrima?
¿A quién en la profundidad del espejo le preguntamos estas
cosas que, depuesto el antifaz, nos dé una verdad
como se da,
tal vez,
una limosna?

Ya luego

Poco ocurre,
quizás nada.
La brisa arrugando tímida el agua
Libélulas errantes
Palmeras con ramas tristes
una septuagenaria en bikini con un millar de memorias
en la piel.
Poco ocurre,
incluso el tiempo no está.
A lo lejos,
escasos vehículos entorpecen paisaje y silencio.
En sus guanteras probablemente,
en relojes y en premuras,
cargan con los tiempos del mundo.
El agua intensifica su espectáculo de patrones imposibles
El sol se zambulle en ella como un niño inmenso.
Cerca de mis pies, las hormigas.
Suspiro.
Quiero hacer tantas cosas posibles e imposibles
que solo se hacen en este preciso momento.
Ya luego,
la vida,
y todo sobrevive solo lo suficiente
para esperar la muerte.

El vuelo de la mariposa

El vuelo de la mariposa
es una burla al vuelo del cóndor o el sinsonte.
Vuelo cojo
errante
Se eleva, desciende
Se tambalea, se vuelve sol
Tiembla, se espanta
Destella una sensación de urgencia,
como volar solo para eludir una súbita muerte.

El águila vuela serena, segura, letal.
El jilguero, diestro, canta a la mañana que persigue.
Hasta el cuervo sabe volar,
aunque deje en la mente del hombre una negra estela.

Pero la mariposa ni canta ni vuela,
ni presume ni nada.
Solo al posarse,
el fantástico colorido diseño de sus alas hipnotiza...
Y uno, que no vuela, ni piensa, ni nada,
se admira de su belleza
y la perdona.

Niña

Niña esquiva de precoces sombras
Niña de pasos extraviados y amplia sonrisa
Ojalá tomara tu huella atajo en mis pies,
me indicara en el viento tu pelo un secreto paraje
de quietudes
para anochecer alguna vez junto a tus caderas,
para dormirnos sin premura bajo el claro pestañeo de media
luna y el discreto guiño de cuarenta estrellas.
Ojalá, niña del ensueño mío y hondo,
que fuera tu risa esa afirmación que anhelo y temo,
ojalá fueras alguna vez tarde sensible de poesías,
lejano doblar de campanas,
anunciando nupcias y largas promesas.

Recurren ahora tu voz y tu nombre a mis manos,
al débil aletear de mi memoria.
Como si estuvieras lejos,
como si tu mirada no ardiera en la mía
o tu cuerpo firme yaciera etéreo e inalcanzable,
como se posee la cometa viva en el cielo.
Ojalá escucharas mi grito,
mi verbo proclamando este ardor en mi pecho,
el noble sonido de tu nombre
en las corrientes de mi voz herida.

El bar y yo

Dos extraños somos el bar y yo.
Solos de esa particular manera
que nos deja solos una multitud.
Amplio, sofisticado, vestido de botellas,
Promete con su mercado de músicas
más de una alegría
y más de un pecado.
A mí me ha jurado ya una pena sedienta,
que se bebe shots de olvido,
que abraza un asomo de lágrima.
Somos extraños el uno del otro de una forma íntima,
porque hay un propósito que nos delata al vernos,
porque sus luces complementan mis sombras,
porque mi silencio es el silencio de sus esquinas,
donde otros extraños igual de solos
encuentran entre tragos los ávidos labios y la lengua.
Una mujer me hallará esta noche
moviendo los hombros, moviendo la cabeza
al ritmo de una menuda esperanza que una canción devela,
y me creerá interesante y disponible.
Y yo, que caduco un poco más cada luna,
me creeré merecedor de un sueño nimio
y un adiós sin penas.
Así pasará la noche,
y yo volveré al azar de lo cíclico,
al refugio de la letra,
a la sincompañía.

Hora de la niebla

Hora de la niebla
las calles se han apagado en la memoria.
Huele a sal y a madera
y a lo que huele el mar cuando calla,
cuando está sereno y un puñado de botes tiembla ansioso,
como cien doncellas desnudas,
prometidas a manos firmes
y a la recurrencia de tardes de té y brumosas pasiones.
La orilla es de oro, las olas mueren justo en mis dedos.
El mar, frío como un espanto.
Camino hacia la breve espuma,
sonámbulo, atado al hipnotismo de la caracola,
a una jaiba que huye de la luna.
Los lamentos de la gaviota taladran la sal de la noche aún
promisoria y joven.
Equidistante, un perro imita cada uno de mis pasos
—Reflejo de otros somos en el lúdico espejo de la vida—
su intermitente canción interrumpe
un predispuesto orden de silencios.
El tiempo descansa jilguero entre dos cocoteros,
el mundo, obediente,
se detiene como se ha de detener la voz
ante el rostro de Caronte.
El breve instante me libera una indeterminada sonrisa,
el faro me alcanza con luz de viernes,
la hora de la niebla es ahora una cosa misteriosa:
eterna en la memoria y a la vez irrecuperable.
Paso lento,
reflejo de las olas, de regreso al útero del mundo
y a la certidumbre de días repetidos.
Cuando todo quede atrás, cuando haya cruzado el río
y pagado las monedas
¿Será el olvido un castigo o una misericordia?

Frente al mar

Frente al mar
Frente a la ola
Frente al horizonte bebiéndose la tarde
Dame tu ángulo oculto
Dame ese valle secreto que ningún otro amor sospechó.
Dame el beso virgen,
el beso extraordinario,
que aclara la arena,
que recesa al seno marino,
rozando la espuma.
Dámelo aquí, abierto al sol,
frente al azul sin fin,
al violeta del cangrejo,
frente al extraño color de la gaviota contra el cosmos.
Dame tus ojos,
la mueca destello de su viveza
Déjame ser uno de tus ojos
cuando la brisa desliza letras estivales,
que seamos playa silenciosa,
rumor de la corriente,
danza de palmera.
Aquí, frente al mar,
sentado en un banco esculpido a cincel
quiero tu mano,
tu voz leve
tu risa
tu breve risa de playa,
que me alegra.

Instantáneamente Eva

Eva sobre mosaico azul
Música enrosqué en tus caderas
Agua vi errar sobre tu piel de organdí
Un suspiro reprimido dejaron mis ojos en tus brazos.
Dócil y mística me llegó tu silueta
en el impreciso reflejo de tu sombra,
y en la hondura del espejo,
tu belleza invocó de mi boca una sonrisa.
Te vi entonces como se ven el mar y los recuerdos,
seguí la esfera de tu muslo
con amaestrada impaciencia.
(Incautos, tus senos y tu espalda confesaron
ignorar mi vigilia)
Un rincón de tu nuca coquetea
a veces con el olvido
aunque hayan mis labios memorizado todos
los cultos de tu desnudez.
Instantáneamente Eva
en la tarde de nuestros desenfrenos,
en el Edén nocturno de mis dedos y mi memoria,
cada espacio de tu bosque se insinúa
bajo mis cejas, se abre a mis iris,
y no se duerme con la madrugada.

Retórica del verso incrustado en tormenta

Paisaje
Ojo de agua
mar arriba, el cielo
Cataratas que se forman y deforman
en grises y blancos
en multitudes
en agua
Agua eléctrica cuarteando la noche
Instante de luz que fragmenta el cosmos
Fugaz estruendo
eructo intransigente de Dios
Provocación de temores, sobresaltos
Desde las fauces atroces de Fenrir
devorando la luna
ensangrentando jardines donde crecen rosas nocturnas de
miedo.
Otra vez amaina la tormenta
ya el paisaje
el océano inabarcable azulea la vida
El universo ha vuelto al génesis
La calma calma el instante
Sólo un susurro en los filamentos de la hierba
Se ha quedado dormido Dios en lo profundo de la
consciencia
Pasa el tiempo
Pasa la tormenta
El hombre
El poema.

Claustrofobia
en honor al estilo de Pablo Neruda en Estravagario

Aquí les dejo sin dulzura ni amargura mi testamento.
Se los dejo como soy: público y al desnudo
porque para ser genuino no se puede ser fortuito,
no se puede ser múltiplo de nadie,
ni andarse con antifaces
ni creerse la gran cosa, ni la poca cosa,
porque no puede uno pasarse sus pocos días comparándose
con nadie, porque nadie es uno, porque cada uno es cada
quien.
Y como soy hombre público
les dejo a todos todo lo mío,
ya que uno solo tiene lo que es,
y esto les dejo oficialmente:
mi palabra como hiedra,
mi palabra pretensiosa,
mi palabra en cueros,
en verso libre, andando,
andando siempre para no quedarse atada a la indiferencia.
No al olvido,
pues todo se olvida un día y se recupera otro,
sino a la indiferencia, que es absoluta cuando atrapa.

A mis hijos les lego esa mirada amorosa,
esa mirada sincera,
la más limpia que logré sacarme de adentro,
porque en ella está todo lo que he sido,
todo lo que promete y lo que puede dar un hombre:
su amor maculado y su protección.

A mi amor le dejo este amor cansado,
este amor frágil que le he dado de a trozos,
este amor caído a veces...
porque es el amor que me quedó de las derrotas,

lo que me quedó de las noches y las decepciones.
Ese amor es lo único que te dejo, mi amor,
porque ya no tengo nada más que darte,
porque es lo único valioso y verdadero que alguna vez tuve.
Es cuánto.

Voy a cerrar los ojos una mañana
y no los abriré más en este mundo.
Mi cuerpo quedará sobre unas tablas con colchas,
duro y malhumorado, duro y mal oliente,
duro y ausente,
carne inerte en caja lustrada de madera.
Y a lo mejor estarán llorando a otro hombre.
A lo mejor cuando muera, justo cuando muera,
ya no seré yo.
A lo mejor ya habré usurpado a otro,
habré volado,
habré muerto de veras y, muerto, entonces
¿A quién lloran si ya no soy?

Pienso entonces que al morir no se llora al muerto,
sino al recuerdo del vivo.
Y como puede que no sea yo,
y como puede que sí lo sea,
y como la duda es tan fuerte como la muerte,
entonces les dejo aquí en mi testamento
mi última voluntad:

No me entierren.

No me entierren que no he sido polvo.
No me entierren que nadie sabe nada de la muerte.
No me entierren que no quiero abrir los ojos
y verme en la tierra,
como una raíz,
como un tesoro escondido y olvidado,

a la merced de la arena podrida de lombrices
y de tiempo.
No me entierren,
aún si no soy yo cuando mis dedos
no puedan temblar,
cuando mi voz ande solo grabada en un poema,
y ya me sientan lejos de tanto no moverme,
de tanto no reír...
no me entierren, mi amor,
mis amigos, mis hijos, mis enemigos...
no me entierren que nadie merece la tierra,
nadie merece el sucio,
ni la humillación de estar perpetuamente abajo,
perpetuamente dormido
en una cama de lodo y de nada,
envuelto en nada,
acompañado de nada,
rodeado de nada.

La rutina

A diario viene uno a morirse.
Abre los ojos, ve su cuarto,
algunos libros,
su mujer o su hombre ocupando media cama y media vida
y uno sabe,
con la certeza del miedo,
con el espanto de toda certeza,
que uno está a solo una muerte de morirse.

Por eso, tal vez, acude uno a diario,
apenas se abren los ojos,
al espejo y se mira
intensamente,
para creerse que uno sigue metido en la *jodía* vida.

La mosca

Era una mosca.
Tenía ojos vencidos de mosca.
Sus patas, exhaustas, muertas,
no se movían.
Sus alas, difusas como una mentira,
habían olvidado el vuelo.
El brocado la confundió,
la perpetuó como un punto oscuro de su diseño barroco.
La brisa la evitaba
La luz.
Era tan mosca y estaba tan muerta
tan sola y tan libre,
que me devolvió a Sartre y cierta nausea,
y un poema pobre que escribí y perdí misericordiosamente.

Lo raro era que no estaba en la mesa,
sino en el espejo.

La desdicha

Cae el infortunio
aleatorio
negro
lóbrego rocío acumulado entre huellas.
Ubicuo como el tiempo y el sonido,
acecha inconmensurable
desde ángulos secretos de gente,
desde frágiles trincheras de dicha.
Pasa raudo
guadaña en mano,
siniestra extendida,
otro Caronte con rostro lapidario
y una fría expectativa en las cuencas vacías,
profunda y terrible,
como las fauces del Tártaro.

Una madre

La he visto con su sombra entre cruces.
Caminando el polvo,
posando el resplandor de sus ojos en las tumbas,
 jurándole suspiros a eso que no puede vencer el hombre.
No me ha visto nunca.
Quizás me ha visto y me ignora,
como ignora el aire,
el sol en su pelo,
el pan que nunca come,
una llovizna.
Hay días que da brincos de niña entre mausoleos,
le habla a la maleza,
intuye el ocaso, acaso, en el olor del silencio.
Hay días que canta tan bajo
que solo en los jardines del más allá la oyen,
y los escarabajos,
y los lagartos que verdean las lápidas.
La he visto agonizar en llanto.
Se horizonta en el suelo enlodado y llora en secreto,
entre las alimañas y sus niñas,
cuyas orejas han olvidado el sonido de la tristeza.
Se desespera.
Se desespera de oxígeno,
de vida que no acaba,
de rutinas secas de propósito.
La he visto caminar el polvo, consumida.
A veces me parece que se encoge,
se adelgaza de soledad,
se agrava entre epitafios que lee y relee,
como conjurando la eternidad.
Hay días que la veo tan sola,
tan innaturalmente sola,
que lloro.

Legado de la muerte
Para Mamá Inés y Abuela Felicia

Han pasado ya el espanto y el desasosiego.
La muerte llegó y se fue.
Nos dejó el hueco hondo,
una escena de mármol y rosas
el hurto de varias inocencias
el inequívoco reflejo de nuestro destino
en un espejo de arena, definitivo y estrecho.
Los llantos y las plegarias,
los juramentos,
los testimonios que remueven todo mal,
toda mácula,
y todo posible pecado de una carne
que ya no vibra,
de una voz que ya no es eco,
ni canto, ni promesa.
Esto nos queda,
este inventario de gestos y memorias,
tímido cúmulo de llanas intimidades:
tu mano en mi mano,
tus pasos ubicuos en los rincones de la casa,
la potencia de tus ojos
convencidos de un amor y alguna soberbia,
el misterio y calidez de los agrados,
el infatigable resonar de tu sabiduría,
tus años cansados,
tu fragilidad, tu trascendencia...
No poco queda de ti, no poco.
Hay un legado de razones
de gustos y muecas alegres
de tiempos entre corchetas amargas
de graves horas y de secretas victorias
de astutos malabares para conseguir un techo
una gota de agua y un lápiz

una greca y un ápice de dignidad marcada
de inciertos futuros muy ciertos.

Si algo se ha llevado la muerte
no ha sido más que tu fémur y tus costillas
aquel montón de arrugas
y esa intranquilidad de tus manos
esa callada nublazón en tus ojos
y ese pretérito que ancla y que no suelta.
Por eso hay que acostumbrarse ahora
a tenerte en los silencios
en las gracias de los niños
en los abrazos de los primos
en la risa y en los triunfos del alma
sobre la congoja...
porque la muerte se vence con un recuerdo
y con la vida.
Porque nadie ha muerto si nos estremece
en las mañanas.
Porque nadie muere si no se olvida.

Los terribles misterios

Acumula migas
este hombre obligado al árbol,
migas de un verano circular rodándole por la nuca.
La soga húmeda contradice la absoluta aridez de la tarde,
contradice incluso la libertad prometida
en labios duros de muerte.
La mano tensa del encapuchado
no se entera de misterios:
el misterio de creerse dios y ese otro,
del muerto que respira,
arcana cosa de piel anochecida,
condenado a la injusticia y al destiempo.
El sol en lo alto,
lo hirsuto del silencio,
la ironía de un niño naciendo a orillas del río,
del vientre oscuro del amor...
junto a la maleza, testigos mudos de la intolerancia.
El verano en migajas
se detiene de súbito.
El negro abre los ojos,
un ave innominable ha surcado el claro espacio de su cielo,
la pausa de todo es inmutable.
El verano de la muerte
termina enfriando la soga.

Caminando hacia todos los destinos

Si echo a andar sin rumbo
en poco tiempo llegaré a algún lugar.
Tal vez a un edificio del siglo pasado,
de quietud de mausoleo,
o a la estación de un tren poblado de silencios.
Allí decidirán mis pies si aparcar o seguir.
Allí mi voz susurrará, "anda" o "has llegado"
y mi cuerpo caerá como la noche pobre sobre el indigente.
A lo mejor llego al muelle donde tiemblan viejos fósiles
de buques y hombres de mar,
o a un parque con severas verjas,
incapaces de auyentar los niños.
Allí también me podré preguntar de distancias y huellas,
si ya anduve bastante o si aguardan por mí senderos y
avenidas; si voy trazando mapas
o si quien me sigue teme perderse tras una esquina infinita,
tras un poste de luz que no gime su destello.
Si echo a andar sin rumbo,
siguiendo al viento,
llegaré quizás a donde me desconocen,
y podré empezar de nuevo, como el otoño,
semilla germinando,
frente a una fuente seca o a un cementerio de fantasmas
alegres,
donde cruces de colores llamen transeúntes a cosechar
eternidades a los pies de querubines.
A lo mejor me guíe el camino de otro,
antiguo caminante que echó a andar a orillas del azar
y terminó hallándose a sí mismo
en un lugar innominado y no tan distante.
A lo mejor si echo a andar sin rumbo me sonría la suerte
y llegue a donde me sienta tan a gusto, con o sin nada,
que ya no me quiera ir.

La buena muerte

La buena muerte no demora.
Lleva paso preciso para los adioses de rigor
y las nobles dignidades del hombre.
Ajena de gravedades,
viene apenas con sobresalto,
libre de dolor,
como un ángel señalando manecillas de un reloj de nubes
en cuyo rostro, quietud temprana de domingo.
La buena muerte trae consigo abrazos,
amigos con palabras atascadas,
y la solemnidad del llanto,
que toda muerte predispone.

Cuando amanezca
nos encargaremos del cuerpo y de las vigilias.
Compartiremos anécdotas, café en vasos desechables,
y alguien reirá a carcajadas aunque alguien más se ofenda.

Luego ya todo será seguir viviendo
y recuperar al muerto en la grata absolución de la memoria,
curiosamente alegre y libre de tiempo.

Prosa poética del sueño y los dioses

Lecho del instante último. Dos dioses enhebran conversación y sus voces son el viento. Parecen derrotados, eternos de esa melancólica forma que son eternas las mitologías. Su atención repentina me despierta un molesto nerviosismo, sus rostros acechan imprecisos desde la sombra. Morfeo y Hades, solo la sorpresa de sorprenderme me confunde. ¿No obedecen a ambos acaso las dos versiones del sueño? El sueño de cada noche y el de la muerte, que la he figurado en el abrazo del insomnio una larga y honda noche también, desprometida de amaneceres. Del subsuelo de la consciencia, una voz, que de sonar sería la mía, me susurra que son oníricas las imágenes y que aún fueran estos inmortales reales de una manera incomprensible, yacen prisioneros en el imposible reino de mis sueños, donde todo obedece a los caprichos de mi voluntad. Al informarles mi conclusión, se miran entre si, y la sumisa aceptación de su inmediato destino me hace dudar de esta omnipotencia. "¿Cómo, si hay algún último anhelo en ti, trocamos nuestra suerte?" Pregunta calmo Morfeo. "No quiero morir", digo resoluto. "El último inmortal fue Utnapishtim y está arrepentido", dice Hades, "la muerte, que soy yo de un modo ajeno a mí mismo, ya no concede prórrogas". El silencio entonces se hace un océano sobre nosotros, y nos entretenemos en un paréntesis indefinido de tiempo, rebuscando como niños entre las flores de la memoria. Al abrir los ojos, mi padre y mi madre me miran con esa ternura que da el vínculo inimitable de la sangre. Todo es de luz y de una paz anterior al pecado. Abrazados caminamos descalzos y desnudos de vanidades, de vergüenzas, sencillamente, como ha de ser andar en el cielo de Dios. En ese momento creo sonriente en el todopoder del reino de los sueños: para liberarse, los dioses han acordado devolverme al amor primero.

Monólogo de cualquier hombre si lo toca la consciencia

Si se piensa fríamente,
da miedo la vida.
Pensar que cada decisión es la primera y la última.
Obra sin ensayo,
telón que ha de caer sin aviso,
eterno perseguir de sueños,
constante soñar de la vigilia,
montaña rusa para ser pasajero y conductor.
Da miedo pensar que se avanza
por un camino que no existe,
que lo poblamos de huellas,
lo construimos de fracasos, de gente, de menudas victorias.
Si se piensa fríamente,
solo se vive el presente,
pasado y futuro son imprecisiones,

inasibles que uno inventa,
vano intento de aritmética existencial.
El saldo de días y noches nos cabe redondo
en el puño trémulo del ocaso.
Al principio, marioneta.
Al final, marioneta confundida.
Si se piensa fríamente,
da miedo la vida,
aunque el amor juegue a darnos sentido,
aunque el amor ponga alguna vez calidez
en el instante y la memoria.

Lucía

Para Lucía, a quien perdí una mañana violenta

Pasa la lluvia y no te nombra, Lucía.
Cae negligente en los paraguas y entre las manos.
A veces silenciosa, y uno la siente llanto ligero.
A veces como un reclamo, como enojo de agua.
Nunca fue tan claro tu nombre, nunca dolió tanto
como en el estallido abrupto de tu definitiva ausencia.
La lluvia no te recuerda, yo entristezco sin notarlo.
¿O soy acaso yo quien te olvida?
Yo que juré en el sollozo más hondo tu recuerdo
inalienable,
que te quise con miedo de romperte,
con vanidad, con menudo amor callado.
Esta tarde has vuelto y no llueve.
Quiero creer que fue bella la última tarde
como tú eras bella,
que la magia del sol te ha recuperado de entre las sombras,
que no preciso ya de la lluvia o el dolor para evocar
tu sonrisa inocente, tu mirada canela, tu pelo ámbar...
Pero para la tristeza no hay olvido.
Tu voz diciendo tu propio nombre sigue siendo puñal.
Tu voz electrónica, tu dulce voz muerta pidiéndome
que te llame,
y yo incrédulo sentado en el filo del miedo
llorándote, llorándote.

Pasa la lluvia y no te nombra, Lucía.
O tal vez es el tiempo, que a fuerza de humor o indiferencia,
todo lo da y todo lo quita.

Algunas pobres cosas que al nombrarte me preservan

Recuperar el cielo en tus ojos
aquel solitario arrullo que nos dio el amanecer.
Recuperar el sendero donde tu huella
fue inspiración de mis andares,
el paraje estrecho
donde el flamboyán susurró una tierna llovizna escarlata.
Recobrar la apagada voz de los ancianos en la feria,
las caducaciones del tiempo,
cuando tu mano era frágil en mi mano;
las migraciones del alma entre el estar contigo y el no estar.
Retroceder al punto exacto del beso primero,
a ese agitar de alas y flamas en la entraña,
a ese inadjetivable espacio atemporal
donde la existencia se redujo al nosotros.
Volver repentino al pretérito ineludible
y releer el pentagrama de tu voz cantando un *te quiero*...
la suma de estas inasibles cosas me urge a no deshacerme
de los días que me quedan.
Pobres, habitan en algún cuartucho próximo a la esperanza.

The Commute

Retomo el camino,
el tren, la voz verde de los letreros
(susurrando nombres de color blanco y pronunciación
dudosa).
Retomo los hábitos odiosos del *commute,*
la falsa indiferencia de los otros,
los olores bélicos del indigente,
el ácido perfume del encorbatado...
Día tras día,
el camino rebosado de silencios
hacia el sueño o la miseria,
hacia el punto suspensivo.

El árbol

Mañana me busco un árbol.
Le daré nombre
le contaré días en el almanaque
le mediré la estatura
le hablaré de rutinas y desaciertos,
rociaré sus hojas con agua limpia
y le cantaré a la luz de la luna
hasta que el sueño me haga caer rendido a sus raíces.
En la mañana le recitaré versos inéditos
y el sol será un encantamiento junto a nosotros.
Me sentaré a su lado
para descifrar en el viento su idioma de polen y clorofila.
Con el tiempo seremos inseparables
y no precisaremos más que del silencio para acompañarnos.
En primavera le leeré cuentos
y pasaremos cuarenta veranos riéndonos
con las ardillas y las flores.
Mi eventual muerte no le traerá congoja ni sorpresa.
Su adiós de hojas puntiagudas
a una muchacha le parecerá un beso otoñal,
los niños jugarán entre ellas,
y al tocar su tronco arrugado,
recuperará la mañana que le prometí
una amistad imposible entre hombres.
En cien años alguien reinventará el parque
y decidirá su suerte.
Alguien que ciertamente no será un árbol.

Biografía:

Edgar Smith, Dominicano, nació y se crió en Villa Consuelo, Santo Domingo. Nació en verano, entre calores y gente cálida.

Comenzó su camino por las letras leyendo obras sugeridas por sus profesores: La mañosa, Juan Salvador Gaviota, El Principito, etc. Luego descubriría a Buesa, Martí y García Márquez.

Comenzó, como todos los adolescentes de aquella época, por escribir poemas de amor y por querer ser Pablo Neruda. Más tarde, el boom del idioma inglés lo llevó a descubrir escritores tan diversos como Mary Shelley, Bram Stocker, Edgar Rice Borroughs, Sidney Sheldon, Anne Rice, Edgar Allan Poe, James Patterson, Tom Clancy, William Yeats y Stephen King, entre muchos otros.

Sus mayores influencias hasta entonces fueron los personajes *Tarzan* y *John Carter*, de Borroughs (las ilustraciones en las portadas del gran Frank Frazetta), y el verso libre de Walt Whitman.

Las intermitencias de su vocación poética lo llevarían a probar, y desdeñar, las corrientes poéticas del Santo Domingo de los 90s, y a iniciarse en los senderos de la narrativa corta. A principios de la época del 2000, incursionó en la poesía online, donde formó parte de varias páginas y talleres: Poetry.com, Los Cuentos.com, Bulldog poetry workshop, entre otros. Fue en esta época también que imprimió su primer poemario, *Todo es fuente poética*, que nunca se publicó.

Su horizonte literario se amplió (y retomó el español para su escritura) con Jorge Luis Borges (sin duda su mayor influencia literaria), César Vallejo, José Saramago, Carlos Ruiz Zafón, Stan Rice, Mateo Morrison, Khaled Hosseini, Joaquín Balaguer…

Motivado por la poeta Jeniffer Moore, publicó su primer libro de poesía, *Algunas Tiernas Imprecisiones,* en el 2013, solo unos meses después de publicar su primer libro de cuentos, *El Palabrador.* En el 2014, publicó su segundo poemario, *Island Boy,* y en el 2015, la novela, *La Inmortalidad del cangrejo.* En el 2016, publicó *Cuentos raros* y *Randomly, a poem.* En el 2017, sus primeros trabajos narrativos en inglés, el libro de cuentos *The Wordsmith* y la novela *Gnuj & Alt.* Sus poemas han sido incluidos en las antologías, *Solo para locos vol.2*, de la poeta Lourdes Batista, 2015; The Multilingual anthology de The Americas Poetry Festival 2015; Voces Poéticas de Nuevo Siglo de World Festival of Poetry, invitado por la poeta Luz María López y Colección poética Lacuhe 2017, de la poeta y gestora cultural Gladys Montolío.

Sus obras le han abierto las puertas a eventos literarios y ferias del libro, tales como La 8va Feria del libro Dominicano, la 8va Feria Hispana/Latina de NYC, La 1ra y 2da Ferias del libro y las artes de Providence, Naugatuck Valley Community College, Grito de Mujer, Lehman College and The Americas Poetry Festival of NY 2015, entre otros.

En el 2015, fundó la casa editorial Books&Smith. Ha publicado y traducido obras de reconocidos autores, tales como César Sánchez Beras, Gladys Montolío, José Minaya, Yorman Mejías, Eunice Castillo, entre otros.